Les cœurs parallèles

Poésie

Julien Eliso

À tous ceux qui aiment et savent aimer.

À ma femme.

Chant n°1

LUI- La rencontre

J'ai vécu dans un monde flou,

terne et opaque

où l'amour s'est perdu

dans le labyrinthe des jours gris,

dans un rêve aux nombreux plis

dans la tourmente des regards féminins

et dans le mépris des yeux masculins.

Je *la* cherche depuis toujours ma *Salomé*

le double de ma détresse

Depuis le jour où Claire m'a quitté

j'ai plongé d'abord dans l'ivresse

de la liberté retrouvée

Mais la solitude m'a étreint

de sa solide main

et m'a contraint

à compter le goutte à goutte

des heures silencieuses, solitaires

derrière les barreaux

des jours aveugles

Mais un jour sans espoir

Sans obsession de l'autre

J'attendais, dépité, l'œil noir,

sur un quai de gare,

au bord des rails rutilants et mugissants

le train en retard

Je tournai la tête soudain

et la tête me tourna

en déroute

Un frisson me réanima

Tout à coup ce fut l'embrasement

des fibres de mon cœur pénitent

Elle me regarda machinalement

sans me voir vraiment

Le train accosta lentement sur le quai

surpeuplé

comme un paquebot lourd et ventripotent

Puis elle monta prestement

dans le wagon des voyageurs pressés

Je fendis la foule

avec impolitesse

Je me suis assis à côté d'elle

Une place libre s'offrait à moi

Elle était frêle comme un modèle

de couverture du magazine Elle

mon éblouissante,

mon indifférente voisine

cachée sous le voile des apparences.

Le train démarra;

Et notre histoire aussi...

Chant n°2

ELLE - La rencontre

J'ai senti son corps frôlé le mien

lorsqu'il s'est assis à côté de moi

J'ai éprouvé un certain émoi

quand les filets de son parfum

m'ont envahi de leurs embruns

Nous nous sommes regardés

Nos yeux brillaient comme l'acier

luisant de curiosité

dans l'épaisseur moite

de la foule qui nous cernait

Les éclats de ses sourires charmants

Et charmeurs

Le rendaient captivant

et moi j'étais

De plus en plus captive

Inconsciemment

Dans le compartiment

du wagon scandant sa route

Sans détour au mois d'août

On a discuté d'abord timidement

puis un rideau est tombé subitement

Le radeau de ma mélancolie s'est fendu

sur un possible dénouement

quand l'âme devient une peau sensible

quand la raison devient immersible

dans le torrent des sentiments

J'ai ressenti une ardeur renaître

qui ne trompe personne

Nous avons parlé longuement

en répondant souvent par

des rires primesautiers

des fusées du cœur

qui fleurissaient comme des bouquets

sous la rosée des mots qui pleuvent

continûment.

Au milieu d'une vie monotone

une douce et tendre morsure

a été ma première guérison

dans cette folle ascension

J'ai ressenti un désir dévorant,

bouleversant

alors que le train poursuivait son destin

à un rythme cavalier

Transportés par l'ivresse de l'inédit

nous avons défié l'heure inévitable,

fatidique

pleins de facéties

Nous étions l'un et l'autre

l'un à l'autre

sous la main gantée de l'immanquable

magnétisme d'une communion insatiable

Mais le train finit par arriver à destination...

Nous avons éprouvé le crève-cœur

de la séparation

Nous avons été vaincus

par les heures

par le sort moqueur, joueur,

véritable « Hack-cœur »

Des moments enchanteurs.

Soudain le train s'est arrêté,

et mon cœur aussi,

comme s'il avait été foudroyé, brisé …

Chant n°3

Lui-La séparation

C'est la minute maudite

à laquelle tu dois partir

Tuer sans le vouloir notre rencontre

Ma belle Judith

Moment assassin de mes désirs

Cruel martyre

Je vois ton regard qui s'éteint

Un voile gris recouvre le mien

comme un triste suaire

Je vais retourner à ma ténébreuse vie

solitaire

Sans toi se dresse déjà l'ombre du calvaire

Mais de ta bouche j'entends

soudain une promesse

que ta raison ignore

Tel un mot de prophétesse

j'en saisis la bribe finale :

« …nous revoir ? »

Je bredouille d'espoir

Puis je lance

Un « oui » primaire

spontané, qui sourd et sort de la terre

comme une source violente

Nous échangeons fébrilement

nos coordonnées

Tu m'indiques un jour pour te voir

Pas avant un mois

Je te dis *au revoir* en tuant mes espoirs

Tu te lèves et te presses

parmi la foule qui t'aspire

Je pousse un soupir

et me retrouve sur le quai

plus seul que jamais

Je n'ai qu'une envie :

te rattraper et te saisir

contre moi à l'envi.

Chant n°4

ELLE- L'attente

Nous quitter

Nous séparer

Nous arracher l'un à l'autre

mourir à nous-mêmes

Retrouver les jours blêmes

Me perdre sans toi

Avec tes paroles qui

chantent en moi

une musique lancinante

aux mille refrains

tourmentant mes jours et mes nuits

creusant le fossé de l'ennui

Je dois laisser mon cœur endolori

trouver un compromis

dans une attente infinie

sans toi

pendant un mois :

j'en perds mon identité

Je me dissous dans la médiocrité

Je veux te revoir

Te sentir

T'écouter

Rire à tes côtés

Pourtant je ne te connais pas

Prince d'une inconnue coïncidence.

Je me dis à moi-même

attention prudence

Mais mon cœur reste pantelant

prêt à s'égarer nonchalamment

Dis-moi : qui es-tu vraiment ?

Serais-tu la pièce absente

de mon échiquier morne ?

Chant n°5
LUI- Les affres de l'attente

Sans toi aucun rayon ne brille

dans ce ciel sans horizon

Ton absence est une partition

vierge, vide, atone

Je souffre sous les marteaux pesants

des heures de carence assommantes

Je suis sous l'oppression

d'un néant endeuillé

Ma solitude est un bûcher

sur lequel

je consume mes élans

Je crains de ne jamais te revoir

Je vis dans une tour d'ivoire, fou, sans espoir

La lanterne de ma prison

n'éclaire plus qu'un cimetière livide

où mon âme se dévide

Je suis hanté

par ta voix

par un je-ne-sais-quoi

qui est l'essence de toi

Par une déroutante singularité

Esseulé, obsédé par le souhait

de nos retrouvailles

Je déraille

sous le poids

et le cri de mon cœur affamé

sous le désir dévorant

envahissant

d'être avec toi

et d'être le dernier recours

le dernier choix de tes instants.

Chant n°6

ELLE-Les affres de l'attente

Il est ma cible

Je suis l'arc combatif

qui supporte la flèche saillante

pointée sur lui

Toutes mes pensées

sont dirigées vers lui

ma cible bien-aimée

Je suis le jardinier de mes idées

Sans jamais oublier

Les racines vivaces qui sont ancrées

dans le terreau de notre première rencontre

La nuit, je vois dans mes rêves

un tapis rouge

se dérouler sous mes pieds

J'entends l'aubade

ininterrompue

de tes paroles qui affluent

qui, telles un agréable roulis

me bercent et me font vibrer

comme au rythme d'un tango

Derrière la fenêtre des songes

Ma passion mélomane

devenue monomane

déroule sa chanson joyeuse

Tu en es le chef d'orchestre

Et la partition idéale

À mon réveil je te cherche

dans mon lit à mes côtés

Mais la place vide de ton absence

me cause un vertige malheureux

Chant n°7

LUI- L'appel téléphonique

Mon téléphone sonne

Je sursaute

Mon cœur frissonne

Une voix assourdie

que je reconnais, qui me réconforte

que les ondes transportent

d'une rive à l'autre

Me dit :

« On se voit demain si tu veux ? »

Ce n'est pas que je le *veux*

mais que je le désire

plus que tout au monde

Mon imagination, soudain, vagabonde

Je bredouille un « oui »

quasi inaudible

quasi inintelligible

tant j'ai le souffle coupé

par une serpe agile aiguisée

qui me coupe la voix

Demain dix-sept heures Paris

Place de la Comédie

Mon sang bout

Mon esprit s'affole

comme les aiguilles d'une boussole

Je raccroche

Je voudrais la voir maintenant

immédiatement

Et si je meurs instantanément ?

Je ne la verrai plus

Comment accélérer le temps ?

Je suis ému, dépourvu

Vingt-quatre heures…

Le tic-tac de la pendule frénétique

joue un staccato agaçant

qui me torture en martelant

les secondes âprement

Les minutes et les heures

sont autant de pièges habiles

Des chardons prolifèrent

agités par un mauvais vent

et picotent les jardins de ma pensée

Je ne peux pas dormir

Replonger encore

dans le bain glacé de l'attente

Me fait suffoquer

Je reçois une punition affligeante

Attendre un journée à portée de mains

Et si aujourd'hui était un jour

Peut-être sans lendemain ?

Chant n°8

ELLE- L'appel téléphonique

Tu as répondu d'une voix éteinte

sans relief

sans envie

sans exclamation

Serais-tu malade ?

Ce « oui » sans joie

me cause un effroi

Que caches-tu

sous cette voix ténue ?

Dans les moindres recoins

De ton cœur lointain

Ta voix trahirait-elle

L'immensité désolante

D'un brutal abandon

une perte d'attraction ?

J'ai suspendu l'élan enthousiaste

d'un printemps vigoureux

Il est vrai

j'étais affairée

Ma joie est maintenant piétinée

par le géant cruel de ton apparente

indifférence

J'appréhende demain

où un odieux caprice

pourrait tordre et couper avec malice

la frêle tige qui se balance

sous la brise de notre connivence

Chant n°9

LUI- La deuxième rencontre

Sur la place

Des ombres remuent

Je regarde chaque nouveau venu

Je m'installe à un point de mire

Le regard acéré tel un rapace

Les couples sont ceux que je hais le plus

Je les vois comme des romances plates

Ils flottent mollement dans le demi-jour

Fantoches aux histoires dérisoires

Une joie béate se lit sur leurs visages puérils

en gros caractères prévisibles

Puis la place se vide

Tu es en retard

ma belle océanide

ou pire

tu ne veux plus me voir

Je soupire sous le voile noir

de la tombée du soir

Serais-tu capable de mentir

De ne pas venir ?

Je fais les cent pas

Deux

Trois

Quatre

Cinq

Six

Dix minutes

Puis soudain

Te voilà

Tu avances tranquillement

Je vois ton corps délectable

Je vois ton sourire indéfinissable

Mon cœur, à cet instant,

est la peau d'un tambour vibrant

Je réponds moi aussi en souriant

Je pose un léger baiser sur ta joue veloutée

Tu en déposes un à ton tour

Sur mon visage tendu

Tes yeux pénètrent les miens

captent mon esprit

Nous marchons ensemble

Ma voix tremble, frémit

Un empire nouveau s'ouvre devant nos pas

Un principat dans l'éclat

d'une cité émergente,

celle de nos vies régies

par les lois d'une tendre entente

d'une douceur savante

Chant n°10

ELLE- La deuxième rencontre

Je marche vers toi

Une joie m'anime de te retrouver

Je t'embrasse sur la joue

Je dépose

du bout de mes lèvres timides

un baiser semblable à la caresse

d'un papillon sur une fleur

Tu le reçois sans sourciller

Nous marchons sans savoir où aller

Mais chaque pas nous mène

vers quelque chose de plus grand que nous

dans cet instant enthousiaste

plein d'une nouveauté attrayante

loin du temps qui passe

dans un nouvel espace

dans un monde qui nous dépasse

Voici la renaissance multicolore

des sentiments endormis

Tu es le réveil de mes envies

Mais aussi la torture

de mes insomnies

Marchons suivant la même cadence

Donnons un nouveau souffle à nos vies

Marchons sur la corde tendue de nos

émotions

Marchons et découvrons l'immense trésor

au bout du corridor

où nous mènent tout droit

nos cœurs en accord

Chant n°11

LUI-Promenades en ville

(Un peu plus tard...)

Nous traversons les parcs

ornés de verdure calme

Nous nous rafraîchissons aux pieds des

fontaines

Les promeneurs sont pour nous

des mannequins de boue

Nous ignorons tout

Nous dédaignons tout sur notre passage

Nous seuls comptons

dans notre monde gémellaire

Lorsque je te regarde,

j'ai l'œil humide de joie

rivé sur ton sourire

Et je succombe à tes éclats de rire

qui fendent la pierre froide

d'une quelconque distance

Je voudrais –drôle d'idée-

que tu mordes

ma joue comme on croque une pêche

savoureuse

Simplement pour me réveiller

Pour m'ôter de mon hypnose amoureuse

Je vois ta bouche

qui m'appelle à me rapprocher de toi

à m'unir à toi

Mais pour l'heure

Nous embrassons du regard

chaque vitrine

dans les rivières citadines

des rues populeuses

La ville n'est plus la même à tes côtés

Si j'étais le maire de cette métropole,

Je la rendrai à tes ordres servile

Je t'offrirai toutes ses ruelles

Toutes ses bagatelles

Tous ses monuments

Tous ses ornements

Voici le terrain de jeu

où se nouent étroitement l'intrigue

de notre passion véritable

formant le tissu de nos complicités

Nous gravons sur les arbres

Comme des enfants

Nos initiales contre le temps

Chant n°12

ELLE-Promenades et jeux

Je suis dans un manège

qui tournoie

qui m'affole

me console

et me pousse vers toi

Tu es mon sortilège

Mon florilège de folies

Sur les quais de la Seine illuminée

nous écoutons des musiciens

bercés, éperonnés par des mélodies

d'accordéon des temps anciens

Nous jouons à courir

le plus vite possible

L'un vers l'autre

L'un derrière l'autre

Jusqu'à la tombée de la nuit

Qui fait le deuil du jour.

Dans l'auberge

de nos souhaits les plus tendres

Nous dînons

Nous parlons

Nous buvons

Nous sommes inextricables

inséparables

tels Tristan et Yseut

par-delà les rives du temps présent

Je te prends soudain

les mains

spontanément, fougueusement

comme on attrape un objet convoité

L'amour me fait tourner la tête

à cause de tous les vins vermeils

et de toutes ces paroles comme des

merveilles

comme du miel

Que nous avons bus

sans nous en être aperçu

À chaque parole que tu verses

dans le verre de nos confessions

Je sens le doux frôlement

De tes caresses fines et délicates

de tes doigts lisses et doux

Puis le dîner s'achève.

Vient l'addition de toutes ces émotions

de ce moment à l'agonie

la somme des sentiments

Puis le chemin du retour

que toujours on retarde

que l'on emprunte à reculons

La montée de Montmartre

nous apparaît

comme une montagne

Où glissent nos rêves

Dangereusement

Sur la pente de l'effacement

d'un soir mémorable

La soirée s'achève

Mille et une magies

s'éteignent comme la flamme d'une bougie

Notre soirée a été trop brève

Un feu sacré oscille dans nos yeux

pailletés de l'or de l'instant

et aux éclats d'un bleu diamant

Nous en désirons plus

Nous voulons vivre

au-delà des limites

des frontières verrouillées du temps

Nous voulons

ôter toute entrave à

l'eau claire et pure qui ruisselle

de nos sentiments

Chant n°13

LUI- Le baiser

Nous marchons dans la rue

Au ralenti, déçus

Ce serait mon trépas

Si je ne t'embrassais pas

Pourtant je n'ose pas

Malgré nos corps rapprochés

Un silence se creuse

formant un voile opaque

Je prends au bout d'un moment

la parole en tâtonnant sur chaque mot

Je te dis une chose saugrenue

Puis mon visage s'approche du tien

J'avance mes lèvres avides

Ta bouche me happe alors

La rue n'existe plus

Il n'y a plus aucun décor

Tout s'éclipse

Je me jette dans ton sort

Je m'accroche à tes lèvres charnues

Nous sommes dans la scène

du théâtre de nos peurs vaincues

Ce baiser inédit

où mes lèvres sont suspendues

ressentent les échos palpitants de ton cœur

Je m'accroche à toi tel un homme ivre

serré contre ta poitrine qui tressaille

A cet instant je ne m'appartiens plus

Je me sens ténu

Puis nous arrêtons et nous nous regardons

Avec une gêne ingénue

Ton visage me semble nouveau

Il s'éclaire telle une lampe

de couleur orangée

Dans une pièce obscure

Sous la lumière crue

d'un réverbère pourtant blafard

Tu balayes l'ombre de mes idées noires

Chant n°14

ELLE-le baiser

Je me demande ce que je fais ici

Je perds la notion du temps

Je ne sais plus si c'est le printemps

L'hiver, l'automne ou l'été

Toutes les saisons sont abolies

Je ne sais plus aimer

Ma voix intérieure, amoindrie

bafouille,

bredouille

se brouille,

déraille

Je ne sais même plus qui tu es

J'ai un fouillis dans ma tête

Je suis vide

Mon esprit est comme un champ désertique

Une plaine rase et aride

Mais ton regard me guide

M'incite à poursuivre plus loin

au-delà de la sphère de ma retenue

J'écoute ton imperceptible voix

Qui passe à travers moi

Tu avances léger

Comme une feuille délicate

Soulevée par un souffle discret

Nos bouches se rejoignent

Irrésistiblement

Telles des aimants

Attirés par une surface

Au cœur en métal

Chant n°15

ELLE et LUI-« Au revoir »

Elle

On se reverra dans une semaine

Lui

Comment ? Si tard ?

Tu es inhumaine

Pourquoi pas demain ?

Je veux qu'on se voie...

Elle

Je dois me déplacer

M'éloigner encore une fois

À cause de mon travail...

Mais on va bientôt se revoir

Je te promets de belles retrouvailles

Lui

L'attente est pour moi

Un venin dangereux

Qui me paralyse quand je t'attends

C'est impossible…

Je maudis cette nouvelle séparation

Ai-je le choix ?

Et partir avec toi… ?

Elle

Je ne serai jamais là

N'y pense pas.

Je te rappelle que tu as aussi tes occupations

Impossible proposition

Pas de dérogation (*dit-elle en riant*)

Lui

Je t'appellerai

<u>Elle</u>

Je te dis à très vite

J'ai hâte de te retrouver

<u>Lui</u> *(d'une voix blanche, le souffle coupé)*

À plus tard... puisqu'il en est ainsi !

Chant n°16

LUI-Les retrouvailles

Une semaine plus tard...

Je te retrouve enfin chez toi

après des jours et des nuits

passées aux abois

Je revois ton visage séduisant

sur lequel est peint

ce sourire si déroutant

Tu viens à moi sans pudeur

Tu m'embrasses de toute la force

gravitationnelle de tes sentiments

comme si tu allais me perdre subitement

Je suis le mendiant, le désireux

qui franchit le pas

de ta porte hospitalière

Je découvre l'endroit où tu vis

Je ressens dans nos paroles

et nos regards qui racolent

des envies folles et frivoles

Tu me pousses près de ton lit

sur la barque où nos corps

sont affranchis

tu veux m'immoler

dans la fièvre de tes baisers

sur l'autel de ton impérieux désir

Je me laisse occire

pressé de l'assouvir

Nos bouches chaudes haletantes

soufflent telles l'autan

asséchant les souvenirs des dépits passés

Soudain le voile qui recouvre ta nudité

s'abat rapidement

tombe de tes épaules fragiles et douces

Tes bras s'ouvrent comme les portes

D'une auberge accueillante

Ton corps subtil tendu vers moi

s'offre comme une récompense ultime

Ta poitrine se soulève

comme une terre gorgée d'eau

Tes yeux se ferment

Je te frôle de mes caresses

avec mes mains avides

je lisse et suis le contour, les formes

de chacun des fruits charnus,

charnels

et charmants de ton corps

impudent et imprudent

Comme un aveugle qui cherche à lire

les reliefs d'un texte en braille

mes paumes sont des antennes

qui transmettent à mon cœur

chacun de tes magnétismes

Ton être est une étendue marine

sur laquelle je navigue et m'agglutine

faisant mille allers et retours

Je suis ivre

dans le sillage de mon parcours sauvage.

Sur la route de ma conquête

Mes élans m'entraînent

jusqu'au dernier stade

quand bat la chamade

et que le cœur semble s'arrêter

Quand le souffle est coupé

au point de rupture

au paroxysme sans retour immédiat

Tout retombe

décroît

Nos corps nus restent étendus

inertes, satisfaits et comblés

Provisoirement repus

du festin nu de la chair

Chant n°17

Elle-l'union

Je suis comme la nuit

Je sens la percée des étoiles

Dans le firmament de ma tête vertigineuse

J'attends ton abandon total

La faille de ta patience

dans le séisme de ta sensualité

Je bous comme le magma

de l'Etna

Ton mon être te réclame

Mes baisers finissent par te dévorer

Ton corps est une grande avenue

à traverser d'une course éperdue

Mes sens sont en effervescence

Mon cœur percute ma poitrine

comme la main frappe le tambour

des nuits africaines

accompagnées de sorcellerie

Je suis sur le continent

Des rythmes exotiques et érotiques

Tu m'électrises

Cent mille volts à la minute

Je m'abandonne corps et âme

au milieu du pentagramme

de cette nuit magique

Chant n°18

Lui, la regardant dormir...

La lueur d'une lampe

t'éclaire à demi

au cœur de la nuit

Le long de ton dos coule

une rivière blonde

tes cheveux y abondent

Je promène ma main erratique

sur le territoire de tes reins

jusqu'à la naissance de tes seins

Je parcours la prairie

de ton élégance royale

sur le territoire de ta peau nue

mes yeux sont résolus

entre illusions et mirages

Je n'ai qu'une envie : n'être pas sage,

te réveiller

Mais je contemple le paysage

De tout ton être nubile

Un légère esquisse

se dessine sur ton visage endormi

Qui m'inspire plus que l'art lui-même

Plus que les beaux poèmes

Je pense et j'imagine

les personnages et les lieux

de tous tes rêves

qui vagabondent

Dans ta tête féconde

sur laquelle souvent

à cette heure je succombe.

Chant n°19

Elle-Ses souhaits

Plusieurs jours après

Je veux vivre

La multiplication de nos émois

dans une étroite corrélation

Tu seras l'axe défini

selon l'abscisse et l'ordonnée de ma vie

L'indéfectible synergie

De mes rêves les plus souterrains

Enfouis dans un passé

nostalgique et lointain

Je me nourrirai de tes envies

dans le tourbillon de tes folies

Je serai un solide bouclier

contre les jets des perfidies

Tu éclaireras ma vie

jusqu'à présent conformiste

comme l'étoile, la pleine lune

ou le soleil des étés

limpides, transparents

je serai ton irréelle permanence

et ton immanence

ta déférence

Marchons ensemble

D'une même foulée

Rions ensemble

Pleurons ensemble

Mourons ensemble

dans la tragi-comédie

qui se joue perpétuellement

à la surface de la terre

affaiblie par les Hommes

de cruelle volonté

Je veux que tu me donnes chaque jour

La leçon de tes opinions

Que tu me fasses partager

Le kaléidoscope de tes visions

Et de tes sensations

Je veux partir avec toi

vers une terre oubliée

Loin des contraintes

Loin des lourdes charges

Loin de la forge d'un dur labeur

Je veux me déposséder

de mes biens superflus

sur des continents perpétuellement

étincelants

Je veux goûter les fruits sucrés et salés

des jours ouverts

libres, sans frontière

Je veux boire l'eau des jours candides

me baigner dans la mer de Floride

visiter les ancestrales pyramides

Tu seras l'artisan de mes fantaisies

Nous ferons le tour

des vallées et des mers

des montagnes sans âge

Du Nord au Sud

Du Sud au Nord

D'Est en Ouest

D'Ouest en Est

je contemplerai

les îles océaniques

inondées de clartés féériques

tu seras mon Dieu unique

Le désires-tu

Comme je le veux,

Compagnon délicieux ?

Chant n°20

LUI- Les dons de soi

Je rêve de t'offrir

tous les trésors

de chaque saison

tous les bruissements d'espoir de l'aurore

rouge, rose et or

Je te donnerai

Sois en certaine

La coupe de mes victoires

arrachée aux tourments quotidiens

Je te donnerai

tout ce que je pourrais ravir

au-delà des espérances

Bannissons toute indolence

qui amollit l'esprit

Ouvrons la fenêtre

Laissons entrer la lumière

Et l'univers des jardins jaunes et verts

ordonnés par des bonheurs sincères

Bousculons nos jours atones

monotones

Enchantons nos nuits oisives

Prenons en marche

la locomotive des songes

sous l'arche et le tunnel de nos désirs

Je suis et je serai toujours

l'hôte apaisant

de la demeure de tes souffrances

Je veux dessiner des projets

sur ton front ambitieux

et sur le mur que nous franchirons

Tu seras l'aveugle enchanté

guidé par ma main assurée

Tu n'auras plus de réveils en sueur

Je tarirai la source

de tes tracas

de tes cauchemars

et des houles gigantesques

qui font chavirer les êtres

Je tordrai le cou épais

aux tristes habitudes

aux préjugés

Je briserai les vitres

des rêves perdus abandonnés

Je t'achèterai tous les remèdes

qui soignent

Les pires maladies

Nous nous amuserons

Tels des enfants aventureux

Je te donne et me donne

À toi ma belle

Comme un amant de Vérone

Chant n°21

ELLE-Le don de soi

Je t'apporte mon cœur

Le voici

Je te confie le miroir de mes erreurs

Je te confie la clé de mes peurs

Je te donne la lueur

de mes espoirs

Je te confie l'or de mes plus beaux soirs

Je te cède l'héritage de mes baisers

Je te laisse me deviner et m'aimer

Je t'offre la prunelle de mon regard

qui a vu le monde plus harmonieux

dans la promesse de tes yeux chaleureux

Chant n°22

LUI- Naissance du foyer

Je viens ici

chez toi

Je réponds à ton invitation

Je prends possession

de ce lieu tranquille où tu vis

J'en découvre les méandres

les secrets enfouis

comme ceux de ton corps

jusque-là méconnus

Dans ce repaire amoureux

maintenant où je m'abrite

sous ton aile cajoleuse

qui m'emporte d'un trait

dans un ciel haut, lointain

Nos vies ne formeront

qu'une seule main

agrippant le col des jours

hors de portée

En un même lieu

Je m'approprie l'espace

Comme une terre d'asile

Je suis le réfugié

De ma triste hébétude

Je plante l'étendard

d'un amour triomphant

dans ce nid réconfortant

Je m'enchâsse comme

une pierre précieuse

entre les griffes de ta vie

J'allume la lampe de notre foyer

À la lumière de laquelle

nos cœurs sifflent

la même vocalise A

A comme Amour

A comme A rebours

À la rime de nos voix personnelles

Chant n°23

ELLE et LUI- Les premiers mois

Nous gravitons autour et dans

le ventre opulent de la ville

Les sorties sont nombreuses et faciles :

Restaurants, cinémas

Théâtres pluriels

Expositions culturelles

Visions émaillées et tiraillées

par toute sorte de vanités

Promenades ritournelles

Sous les néons des ruelles

Achats effrénés

Meubler

Décorer

S'habiller

Acheter des riens pour rien

Juste pour l'envie

de posséder

un peu de ce monde vain incertain

De sentir la vie

Nous appartenir

Dans le creux de nos mains

Nous prenons la ville de bout en bout

Nous la poussons à bout

Nous l'élimons

Nous l'usons

Nous la découpons

en multiples quartiers

plus qu'il n'en existe

Nous la sillonnons en criant

en avançant

en reculant

hors d'haleine

sans peines

Nous prenons nos jambes à nos cous

puis une envie de calme

Nous cloue chez nous

Nous nous échouons alors

Sur notre profond canapé

Secrète fierté

Chambre de l'intimité

Et des plaisirs que tu décrètes

En tant que souveraine

gardienne des félicités et des libertés.

Chant n°24

LUI- Partir loin

Quelques mois plus tard

Maintenant que la ville

devient trop étroite

dépassons ses limites !

Ouvrons notre monde clos

Éprouvons des frissons nouveaux

Faisons pénétrer

Un air inconnu

Dans le refrain immuable

De nos cœurs ineffables

Qu'en dis-tu ?

Offrons-nous un voyage

Horizontal et vertical

De l'aube au crépuscule

Foulons l'herbe des prés

Des villes que nous ignorons

Marchons au-delà des lignes routières

Goûtons au pain de l'imprévu

Noir blanc et gris

Aux déconvenues

Aux saveurs des jours sans bornes

libérés d'une quelconque solennité

Prenons le pouls des territoires

que nos pas n'ont jamais franchis

Longitudes émergentes

latitudes rugissantes

briseront nos sottes habitudes

contre la faillite d'un quotidien pâle

Prenons le chemin de la résilience

Sortons de notre trou sans patience

Abolissons nos tabous

Vers le Brésil

Vers la Sicile

Vers Brazzaville

Vers Nashville

Je veux m'endormir

Sur les berceaux de curieuses presqu'îles

Me désaltérer aux confins du Nil

Commençons par l'Espagne

Puis Agadir

À l'ombre de la palmeraie

Dans la fraîcheur d'un monde exotique

où les révélations seront mystiques.

En un mot : partons !

Chant n°25
LUI- Sa réponse

Tu as mille fois raison :

Sortons de notre cocon !

Je vivrai à tes côtés sur la surface

Des mers et des terres intarissables

Ne vivons pas une année amère

Voyageons sans relâche

Nous irons à Madras

En Tanzanie

En Asie

En Nouvelle-Calédonie

En Amérique

Dans le golfe persique

Dans les contrées du Far-West

Prenons une année sabbatique

Plions bagages

Si je m'écoutais,

J'irais à la nage !

Coupons les cordages

Qui nous amarrent ici

N'attendons pas le zénith de midi !

Demain, à l'aube indolente

Pourpre et violette

D'un pied impatient

Nous irons sur les chemins

parmi les Atlantes

vivre un bout de notre destin

comme d'intrépides clandestins.

Chant n°26

EUX-En Espagne

Elle

Nous sommes en Espagne

Doux pays de cocagne

Où la liberté en fête

Jamais ne s'arrête

Lui

Voici la sage Catalogne

Viva Barcelona

Sous les flèches de la Sagrada Familia

Sous ses ramifications inégalées

Au centre de la Barceloneta

Nous veillons tard

Au-delà de la fatigue

En buvant des agua limon

Elle

Les toiles de Miro, de Picasso

Nous regardent

Dans le Prado

Vois les rêves bâtis

De Gaudi

Lui

En route pour la Sierra Nevada

Et la Sierra Morena

l'Alcazar et ses jardins

Elle

Puis en bas du Guadalquivir

Qui serpente

Jusqu'à l'Alhambra

La Plaza Nueva

Le théâtre Lope de Vega

Lui

La Giralda

Elle

Au rythme martelé crépitant

Du Flamenco trépident palpitant

Au son de la guitare andalouse

Caliente !

Le chant de la fierté gitane insolente

Chante au son de ta guitare transpirante

Lui

Aux arènes de Séville

Les princes étincelants

Armés de banderilles

Clinquants rutilants

Sous les *Olé* et les Ola du public

Dansent leur ultime voltige

Et gagnent l'or de leur prestige

Elle

Et Tolède ?

Et Grenade ?

Et Cordoue ?

Lui

Allons-y, soyons fous

J'irai jusqu'au Pérou !

Chant n°27

EUX- À Agadir

Nos yeux se baignent

Dans la baie d'Agadir

Ville aux dents blanches

Sur des lèvres d'azur

emplie de soleil

aux miroitements scintillants

étourdissants

aveuglants

Nos journées sont rythmées

Au son des minarets

Nous nous pâmons sous un ciel

Innocent, tranquille

Sans nuages hostiles

Nous sommes sous les palmiers

Et sous la couverture chaude

Des alizés

Faisant tournoyer mille plaisirs

Mille voluptés

en une valse luxueuse

hasardeuse

La muraille Saadienne

Passé de la forteresse

Accompagne, borde nos pas

qui nous mènent à la Kasbah

Puis nous allons du Souk

À la Médina

Chaque soir

nous buvons jusqu'à l'ivresse

À Casablanca

Tels Bogart et Bergman

Des cocktails de passion

au son de la musique berbère

qui fait vibrer nos nerfs

Nous sommes transportés

Enfiévrés et livrés

à nos sens aiguisés

Nous finissons souvent la nuit

À la pointe du jour

Dans notre immense lit

Où nous fredonnons

Et peaufinons le jeu

des plaisirs du jour heureux

Chant n°28

LUI à ELLE

Je t'ai croisée à un carrefour

Ton amour valait le détour

Tu me guides sur le sentier

balisé de ta passion naissante

Tu soulages ma soif de printemps

dans les allées du temps fugace

Avec toi je fais le tour du monde

Nos pieds et nos doigts courent

joyeusement

sur la surface de la mappemonde

Nous n'avons plus de lois

Nous sommes de fidèles insoumis

Tes pensées

Tes paroles

Tes actions

Proviennent du tréfonds

De mes convictions

Le spectacle de ton corps cuivré

Flottant sous une tenue légère

Crée à chaque heure

Un miracle guérisseur

Nos vies sont une chronique

Une comédie savante contre

Les univers agressifs

Tu es la sublime porte

celle qui m'emporte

et me porte

Dans la chaleur rouge

des jours aliénants

qui passent et me courroucent

aveuglément, jalousement

Chant n°29

ELLE à LUI

À l'origine

De notre rencontre

On était loin

Des samedis heureux

Des soirs capiteux

Ton baiser fut

Le grand réveil

D'un noir et lourd sommeil

Tu m'as fait découvrir

Le grand voyage

En déclenchant un amoureux engrenage

Un amoureux langage

Aujourd'hui, je suis

le reflet de tes sentiments sincères

Chacun sent battre

en lui le cœur de l'autre

à chaque instant

J'existe, J'existerai

Tu existes, tu existeras

Nous existons, nous existerons

Au sein de la conjugaison

D'une leçon apprise dans la grammaire

Des déclinaisons de l'amour à parfaire.

Chant n°30

LUI à ELLE

Certaines sont une page d'énigmes

Certaines ont un mystère sauvage

Certaines vivent dans le paradigme

de leur rage

de leur frustration à tout âge

Certaines vivent un amour coupable

Toi, tu es exemplaire, l'unique

Tu es l'or pur des découvreurs

Qui éclaire l'homme précaire

Avide de richesses intérieures

Tu m'offres un continent vierge

de tout soupçon

Tu es la plus belle surprise

et le plus bel éclair

de mes mille et une nuits

de mes mille et un jours sincères

Chant n°31

EUX- Suite du voyage

Nous avons fait la traversée

inoubliable

de la Méditerranée

Nous avons découvert

Des palais à ciel ouvert

des temples solaires

qui nous ont transcendés

d'illusions stellaires

et de leur sceau millénaire

Nous offrant une myriade

de sensations somptuaires

Nous avons séjourné

sur une île-jardin

Véritable territoire olympien

Peuplé d'oiseaux et de fleurs

Nous avons vibré au rythme nonchalant

Des heures sans limites

À la lisière du temps

Nous avons bu

Le nectar laiteux

De nos plaisirs délicieux

insatiablement

Avec ravissement et soulagement

Nous sommes partis

ensuite

en terres hellènes

dans les Cyclades blanches

aux volets bleus cobalt

où abondent

sel, raisin, oliviers, anchois

Vins du meilleur choix

Nous sommes revenus

Eperdus, à moitié évanouis

Etourdis par tant de luxueuses beautés,

de saines fantasmagories

transportant la mémoire

du soleil dans nos valises

Ce voyage a agrandi

notre soif d'ailleurs

Nous avons fait

une nouvelle escale

sur le ventre chaud

d'un splendide littoral

au corps gracile.

Chant n°32

EUX- Sur une plage en Thaïlande...

Dans un décor grandiose

Nous rêvons de la vie sauvage

D'une antique osmose

De l'Age d'or perdu

Est-ce possible encore ?

Le long d'une côte lisse et touffue

Nous marchons d'un même pas lentement

Sur le sable du rivage blanc éclatant

époustouflant lieu de délices irisés

qui nous ôte définitivement

toute velléité

Nous sommes conquis et conquérants

Sur cette langue de terre affalée.

Dans un même abandon

Pris d'une soudaine folie,

Nous quittons la gangue de nos vêtements

Et plongeons brutalement

Dans une mer bienfaitrice

Nappée de cristal

Sous un soleil nu

Aux rayons diffus et absolus

sous un ciel diaphane

Nos baisers salés

nos bouches acidulées

parcourent tendrement

nos corps brûlants et dorés

enduits de sable

Sous les embruns de l'été

nos cœurs tanguent

Je suis la marée

Je suis le ressac

Tu es la rive claire

Nous sommes à l'image

de la mer qui épouse le rivage :

Je suis l'océan qui gagne

la terre de ta féminité

et tu es la vague qui rejoint

ma masculinité

Chant n°33

EUX- Suite du voyage

Chine, Inde, Japon

Australie

De l'Amérique aux Açores

Nous traversons les pays

Les continents

Dans le cycle des saisons

Au-delà des mers

Au-delà des frontières

Au-delà d'un temps inexistant

Mais nous voici

parvenus à notre dernière étape

Car nous manquons cruellement

d'argent maintenant

À Carthage

Notre gaieté se couvre de nuages

inquiétants

comme les retours amers des ressortissants

Chant n°34

EUX-Peu avant le retour

Lui

Un soleil rougeoyant

Se couche

Derrière les toits amoncelés

En quinconce

Dans un hôtel panoramique

Mon cœur se soulève nostalgique

Au nord de l'Afrique

Elle

C'est bientôt l'heure du retour

Mais nos regards ont changé

Pour toujours

Au fil des aéroports

Au fil des gares

Au fil des ports

Nous sortons grandis

De cet écheveau de pays

Lui

Je ne veux pas revenir

Je refuse de couper

L'attache de ce rêve

De remettre le collier

qui enchaîne mon cou de chien

Quelque chose de moi

Est resté là-bas

Et je dois retrouver mon bien

Je ne veux pas l'abandonner

Pourquoi me perdre dans l'Occident ?

<u>Elle</u>

Allons, ne fais pas l'enfant !

Nous reviendrons

Sois tranquille

De quoi vivrais-tu ?

Tu serais perdu

Nous devons revenir

A notre vie parisienne

Nous écrirons une nouvelle formule

Dans le grimoire de notre dualité

Sur les chemins du monde,

Sur un splendide îlot

Nous poserons plus tard

Une nouvelle fois nos valises

En attendant, je serai

Ton indispensable terre d'asile !

Comme je l'ai déjà été

Nous profiterons de nos congés

Pour fuguer nous échapper

Hors des murs gris de béton

Ne te désole pas

Suis mes pas

Qui te mèneront

Vers l'écriture

De ta propre joie !

Chant n°35

LUI-Le quotidien

Six mois plus tard.

Après la déroute de ces paysages

notre vie subit des orages

Je rêve d'amours fugueuses

avec des doubles de toi

sans foi ni loi

Dans le secret de mes nuits sirupeuses

je me dis souvent que je dois partir

que je dois m'extraire de l'ennui

Je veux vivre une autre vie

Je lis une négation dans tes yeux

Je suis obsédé à l'idée de repartir

Elle me taraude, me brûle l'âme

Elle m'enracine et me lie

à un poteau inébranlable

Tu me reproches cette envie

Tu accuses mes litanies

et l'obsédante nostalgie

qui trotte sur un circuit

comme un cheval

dans ma tête sans oubli

Mes idées tournent

comme des toupies dans mon esprit

semblables à des nuages noirs de suie

« Nous repartirons un jour »

Tu me le répètes

Comme si j'étais sourd

Mais je te poursuis

Du soleil du matin

Jusqu'à la nuit de mes idées noires

sans que ma volonté lâche

et avec toi qui te fâches...

Mon cœur se noie

À chaque tracas

qui sourd du quotidien

Je te propose la campagne sereine

Au milieu des arbres verdoyants

Des fougères et des hameaux reposants

Tu refuses tu me dédaignes

Je me perds dans les catacombes

de mon entêtement

À tes yeux

je ne suis qu'un âne vociférant

Je me heurte à tes silences

À des murs de désaccords

Qui se dressent entre chaque phrase

Je reviens à la routine

À la vie plate, consternante, sur laquelle

Comme sur un lac gelé

Qui se craquelle sous mes pieds

Je patine et je piétine

Je cède à tes arguments

momentanément

Puis je fourbis mes armes

et reviens plus insistant

Je pars à l'assaut de ta volonté

avec mes armes émoussées

Je voudrais qu'elle fasse éclore

la fleur de ma liberté tant désirée

Sous la lumière de ma lucidité

Tu n'as pas appris les leçons de nos vies

passées

Désormais je te boude

comme un enfant gâté,

comme tu me le dis constamment

Tu me réponds à ta manière, innocemment

En faisant tonner des « non »

Comme des coups de canons.

Chant n°36

LUI- Leur entourage

Des vagues de contrariété

me submergent

Tu connais les ennemis

qui veulent fracturer notre paix

Les jaloux emplis de mollesse

Et de bassesse

À l'orgueil ridicule

Qui se mentent à eux-mêmes

qui n'ont rien d'autre à faire

que de chercher à nous nuire

à nous juger

à imposer leurs souffrances coupables

leurs errances, leur vie creuse

dénuée de sens

sur une terre stérile

souvent chaotique

Je te le dis haut et fort

Je n'en veux plus

Ces souris qui disent dominer

Les montagnes reines

Et qui accusent les autres

Ne sont que du fiel

Versé dans notre miel

Cette famille sans talent

Qui nous blesse constamment

Qui n'aime qu'elle-même

Dans le miroir de sa vanité

incompréhensible

qui ne reconnaît pas le vrai mérite

mais préfère

s'inventer des fables, des mythes

À notre sujet intarissable

Cet entourage nocif

Je ne le supporte plus

Je préfère rester accroché

à mon solide récif

Je souhaite rejoindre

l'espace fécond qui m'inspire

où je respire

Parfois je suis un volcan

Qui laisse échapper

Le panache de sa colère

En projetant mille éclats

qui s'envolent et retombent

sur un lit de cendres mortes

Je t'en prie :

N'écoute qu'un seul de mes cris :

Vivons une autre vie !

Chant n°37

ELLE- Sa frustration

Ta voix n'a plus la douceur

de la caresse d'une brise légère

Tu n'es plus mon fidèle repère

Ta voix est hérissée d'épines

De lames aiguisées et blessantes

Tu ne vois plus de solution

au-delà des ombres

qui nous attirent

vers un néant amer

Tu fabriques une écorce

épaisse autour

du tronc de ta raison

Tes idées concentriques

sont autant de critiques

qui m'atteignent

Tels des météorites

Dans mon atmosphère

Dans mon confort

Rien n'existe en dehors

Du spectre de tes envies

Rappelle-toi que nous sommes

L'un et l'autre un accord majeur

Dans la même partition

Nous sommes deux facettes

Imbriquées, assemblées

De la même amulette

Lorsque je te regarde

Je vois une part de moi-même

Se défaire, se décomposer

Tu chantes le requiem

De notre harmonie

De nos lignes divergentes

Je ne te comprends plus

Je ne te reconnais plus

Je ne t'entends plus

Je t'en prie reviens à toi !

Cesse le bruit assourdissant

De tes plaintes gémissantes

Oui, partons !

Tu vois, je fais un effort compatissant

Seulement quelques jours

Je te propose la Provence

Chère à ton cœur

Qui désavoue le mien

Chant n°38

LUI- En Provence

Douce Provence

Je retrouve ta douceur de vivre

Les racines de mon enfance lointaine

La beauté de ton ciel impavide

Si bleu si pur

Au rythme de tes cigales ailées

Au son de leurs danses nuptiales

De leurs bruissements feutrés

Avec tes plaines et tes collines inondées

D'une claire et pure lumière

sans pareil

Je renais en moi-même

et me baigne dans la rivière blonde

De ton soleil généreux

Les parfums du thym, du romarin

Réveillent mes sens urbains

Je m'offre et m'ouvre à la nature

qui me donne à son tour

son pouvoir de croissance

Mon sang coule comme une rivière saine

dans des veines et des vaisseaux

bouillonnants

Je me prélasse et me promène

le long des ruines romaines

De la Provence antique

Retrouvant le chemin

D'une joie prismatique

Je profite des joies de l'eau

Noyant mes peurs tyranniques

Dans des clapotis symphoniques

Allant en amont du bien-être

Sur les sommets des Alpilles

Et au milieu des garrigues

Et des champs mauves de lavande

Tu redeviens presque mon amante

quoique parfois absente

à l'ombre des figuiers et des oliviers

Tout est un régal

Tout est festival

Je me sens magistral

Comme un hiérophante

Comme un tournesol

Tourné vers la lumière bienfaisante.

Chant n°39

ELLE à LUI- À Paris

Cette échappée apaisante

Refait de moi l'infante

De tes plus belles euphories

As-tu mis un point final

À la phrase obsédante

Qui s'enroule comme une liane

autour de nos vies ?

Finie ton exaspération face à la monotonie ?

Je suis souvent sourde comme tu le dis

mais j'ai bien entendu

que tu veux enterrer

le corps malade

de tes lassitudes

Sache que tu es une vague

d'ingratitude

Moi qui suis l'infirmière

de tes souffrances geignardes

Attentive à tes propos

Ta parole n'est plus qu'un flux extérieur

Monocorde

Une lamentation fatigante, lassante

Elle m'asphyxie dans un dédale

Qui me donne le tournis

Partir, toujours partir

Fuir malgré l'impossibilité

Loin de nos responsabilités

Un départ définitif

impromptu, sans argent,

indigent

Sans but intelligent

Tu perds la raison

Et moi mes plus tendres jugements

Mes croyances jusque-là inflexibles

Je te le dis :

Tu effrites tous les fondements

de notre équation, maladroitement

Chant n°40

LUI- Sa réponse

C'est toi l'ingrate

Tu mets de la cire

Dans tes oreilles délicates

Tu refuses d'entendre

Les chants de mes récriminations

Mes plaintes ne sont dues

Qu'à tes faiblesses profondes

Tu sais

Tu n'es pas la fée

Qui veille à notre équilibre

Enlève le masque

Trompeur que tu portes

Orné d'un large sourire

Tu me joues un opéra

Digne de Rossini

Puis de moi tu médis

Je ne te demande pas

De partir loin

Juste de quitter

le monde citadin

où nous sommes embourbés

dans le cercle de son agitation

Changeons de région

Quittons ce carcan oppressant

pétri de terribles habitudes.

Chant n°41

LUI- Une fuite inattendue

Je t'attends ce soir

Mais tu ne rentres pas

Ce n'est sûrement qu'un simple

Retard involontaire

J'ébauche des pensées illusoires

Je suis dans un épais brouillard

Mes idées sont pêle-mêle

S'emmêlent

Dans une tremblante nervosité

Je t'attends ce soir mais tu ne rentres pas

J'ai dans le ventre des tourbillons

Tu cadenasses mon esprit

Je tressaillis au moindre bruit

Comme si j'entendais tes pas

À chaque rythme de mon cœur

Ils ne viennent pas

Ce sont des pas perdus

au fond de la nuit vorace

qui t'a engloutie

Je t'attends toute la nuit

Mais tu ne rentres pas

Je sens encore au petit matin

Ton odeur de jasmin

Ton absence est tout à la fois

Un crève-cœur

Et un mauvais tour sournois

Lorsque le jour se lève enfin

Je m'endors

Dans un tombeau de chagrin.

Chant n°42

EUX-Le retour

Lui

Enfin te voici !

Qu'est-ce qui t'a pris ?

Elle

Tu me rends dépendante

De ta folie incurable

Tu es un nuage toxique

Qui m'asphyxie

Tu mets dans l'air

du soufre acre et délétère

J'ai été pourtant stoïque

Tu ne peux couper la corde

De mon libre-arbitre

Je ne veux pas être sous le couperet

de ton verdict

de tes sentences

sous le poids accablant de ta démence

<u>Lui</u>

Tu me crois fou ?

Ma parole se heurte sans cesse

A une barrière hautaine

Tu essayes de me noyer

De me rendre minuscule

Dans le lac profond de ton égoïsme ridicule !

Elle

Tes caprices sont une pluie

ennuyeuse de mots

qui inonde la demeure

sacrée de ma plénitude

Je rêve d'un changement

Qui est pour moi latent

Regarde, il s'ouvre devant moi

Et me dessinent les symboles

D'une alléchante parabole

Lui

Je vais quitter

tes infâmes bras ballants

qui se balancent dans le vide béant

qui ne savent plus me faire espérer

qui ne savent plus me réconforter

Je m'éloigne du précipice

Dans lequel tu m'imposes tes supplices

<u>Elle</u>

Va, ne te gêne pas

Mes mains ne te retiennent pas

Ne reviens que lorsque

Tu auras mûri

La pénurie

Et les fruits de ton infime sagesse

Chant n°43

Elle- Son chagrin

Les épines d'une vive douleur

S'enfoncent dans mon cœur

À quoi rime cette histoire ?

Sinon à créer une chambre noire

Pour la photographie de notre désespoir

Aimer et détester

Aimer et souffrir

Aimer et se meurtrir

La couverture de tes promesses

N'a pas amorti notre chute

Peut-on recoller les morceaux

D'une alliance brisée

Quand les vases communicants

Ne communiquent plus

Et que la passion révolue

N'est plus qu'un corps dissolu

Je ne chercherai pas

À te retenir comme Nausicaa

Tu es un insatisfait

Je suis étourdie, affolée

Par ton tourniquet incessant

Tu anémie nos journées

Tu rends malade notre complicité

Tu n'as qu'à quitter Paris

Mais tout seul

J'ai besoin maintenant

D'un repli rassurant

Chant n°44

LUI- Dans une lettre adressée à elle

Ma chère,

Ma décision est prise

Tu dis que je suis le capitaine

Qui nous a entraînés dans ce naufrage

Tout ceci n'est qu'un assourdissant

Verbiage

Ne me regarde pas comme un lâche

Si je quitte le refuge de nos années

exclusives

Peu importe la tempête qui me frappe

Et la direction du vent

Je ne suis pas une girouette

Agitée par de vains sentiments

Je brise dès maintenant les chaînes

De notre routine oppressante

Je pars pour Alicante

Je reviendrai récupérer

Mes affaires dans un mois

Je ne m'épancherai pas

Sur mes désirs et mes choix

C'est aussi bien pour toi et moi

Je ne resterai pas ton ami

Je ne serai pas même

le confident de tes jours blêmes

J'ai trop envie

De tracer de nouvelles lettres

Sur le manuscrit de mon avenir proche.

Chant n°45

EUX-Un mois plus tard

Lui

Je te dis adieu

Ni esclave, ni maître

Elle

Prends tes affaires

J'ai lu tes aveux

C'est l'heure angulaire

De notre relation

Je préfère me taire

Lui

Je souhaite aussi que le silence

Soit l'allié de notre rupture...

Chant n°46

LUI-Un an plus tard

C'est l'été

Je suis dans un train pour Barcelone

Mal accompagné

Une surprise piquante m'attend...

Une silhouette jadis familière

attire mon attention, m'étonne

Puis je la découvre

Au bras d'un autre homme

Nous nous dévisageons

Son regard ne dit rien

Nos paupières s'agitent

Puis se ferment comme des portes

Et nos yeux

se quittent à jamais

Je réalise que nous sommes désormais

Tout comme ce train qui roule :

transportés

sur les mêmes rails de l'existence

où nos deux êtres se suivront

à jamais

à distance, séparés,

comme deux cœurs parallèles

à l'infini.

© 2022 Eliso, Julien

Édition : BoD – Books on Demand

Impression : BoD - Books on Demand, Norderstedt, Allemagne

Impression à la demande

ISBN : 978-2-3224-5182-1

Dépôt légal : Octobre 2022

Illustration de la couverture : Julien Eliso